화답을 기다리는 시간

라온현대시인선 01
화답을 기다리는 시간

이희숙 시조집

북랜드

| 시인의 말 |

율격의 선을 넘지 않는 민족 고유의

정형시를 찾아

오랜 날 헤맸다.

누군가의 가슴에 온기 전해질

따뜻한 시 한 편 남았으면 좋겠다.

2025년 초여름
이희숙 드림

차례

- |시인의 말| 5

01 그대는 혼자가 아니라네

유년의 나팔수 … 12
상류로 온 붕어 … 13
왼손엔 그늘이 있다 … 14
꽃들의 순장 … 15
흔들리는 나무 … 16
그대는 혼자가 아니라네 … 17
지문의 행적行蹟 … 18
허방 … 19
환하다 … 20
길을 찾아 나서다 … 21
화선지를 펼치다 … 22
아침의 걸작 … 23
후투티가 날아왔다 … 24
황홀한 저녁 … 25
여섯시, 그곳에는 … 26
무대의 중심 … 27
누가 먼 길 떠났는지 … 28
침묵을 깨다 … 29

02 / 미술관에 가다, 사찰 기행

넓고 깊은 그 안목 … 32
부끄러운 자화상 … 34
빛의 화가 렘브란트 … 35
화폭에 담은 사랑 … 36
화맥畵脈의 줄기를 보다 … 37
행복한 나무 … 38
봄날이면 좋겠다 … 39
달인, 그 머나먼 길 … 40
대장정에 오르다 … 41
안정사安靜寺 … 42
쪽문 너머 세상 … 43
무위사 … 44
겨울 성전암 … 45
지지 않는 꽃 … 46
가을, 구계서원 … 47
화답을 기다리는 시간 … 48
환생還生 … 49

03 / 봄 여름 가을 겨울

기다림 … 52
꽃잠 깨우는 봄 … 53
3월의 엑스트라 … 54
의기투합 … 55
품격의 진위 … 56
엉겅퀴 … 57
한낱 저 미물들도 … 58
호박꽃에 대한 예의 … 59
그 사이 … 60
봄의 파편 … 61
봄의 전갈 … 62
슬픈 그 어느 봄날 … 63
자리다툼, 하는 봄 … 64
봄비 그치면 … 65
연잎 탁발 … 66
머나먼 여정旅程 … 67
내 안에 너를 들이려 … 68
가을날 채록하다 … 69
매듭달 창가에서 … 70

04 / 산골 이야기, 가족사진

아침 풍경 … 72
밤사이 … 73
별 … 74
무정란 … 75
배추 … 76
잡초 … 77
고요가 찾아왔다 … 78
동거 … 79
직진은 금물이다 … 80
이른 아침의 추적 … 81
출구 없는 문 … 82
묘책을 쓰다 … 83
손안에 든 아이들 … 84
꽃잎은 흩날리고 … 85
목동木洞 … 86
동심童心 … 87
가족사진 … 88
청하淸河 … 89
낙대폭포 … 90
그해 겨울은 따뜻했네 … 91
아까시나무와 대결 … 92

|해설| 긍정과 순수로 빚은 희망의 빛살
문무학 … 93

01 / 그대는 혼자가 아니라네

유년의 나팔수

뒤란 돌담장에 뿌리내린 늙은 뽕나무

환한 소식 올 것 같은 여명이 밝아오면

우듬지 기어오른 손 기상나팔 불었다

간밤에 소리 없이 누가 다녀갔는지

눈치 빠른 햇살이 말간 눈물 닦아주는

여름 날 어린 나팔수 꿈도 한 뼘 자랐다

상류로 온 붕어

눈발 휘날리며 저물어 가는 세모歲暮에
아무런 기척 없이 현관문에 걸어둔
봉지 속 고이 잠들은 붕어빵 네 마리

상류로 오르기까지 이미 식어 싸늘한
정만 두고 사라진 깊어가는 겨울밤
붕어빵 팔던 그녀를 잠시 잊고 살았네

간간이 마주치면 환한 미소 잃지 않던
삶의 무게 짓눌린 오누이를 둔 그녀
한입 문 말랑한 팥소 가슴이 싸아하다

왼손엔 그늘이 있다

세상의 중심 추는 힘센 쪽으로 기울어

그 길을 찾아 나선 발 빠른 초침소리

왼손엔 그늘이 있다 악수 한 번 못 해본

두 손 마주 잡으면 안 되는 일 없다지만

조연으로 살다가 사라진 배우처럼

여태껏 축배의 잔은 돌아오지 않았다

꽃들의 순장

앞날이 안 보이는 코로나 그 여파로

화훼농장 꽃들이 가련한 생 접었다

줄줄이 취소된 행사 물러설 곳 없는 단애

절망의 늪에 빠져 화형식 치르는

시름 깊어가는 농부들의 한숨소리

애잔한 꽃들의 순장 트랙터 지나간다

흔들리는 나무

결혼은 여성들의 얽매인 굴레였나
암암리 직거래도 늘어나고 있다니
곳간이 텅 비었다는
엘리트 정자 은행

고단하게 사셨던 혹여, 그 길 답습할까
자유롭게 살고픈 선택의 시대라고
아이는 갖고 싶다는
비혼주의 여성들

여린 가지 흔들리는 산들바람 일더니
세상이 바뀌었다고 숲속이 수런수런
반란을 꿈꾸고 있는
뿌리가 위태롭다

그대는 혼자가 아니라네
– 노란 백합 yellow lily

그늘에 가리워도 환한 미소 잃지 않는

희망의 끈 놓지 않는 쓰러진 꽃을 보네

복숭아
가지에 눌려
야윈 어깨 펴지 못한

앞날이 안 보이는 고단한 민초마냥

닿을 듯 잡히지 않아, 한 뼘 더 길어진 목

벌들이
위무하는 양
무시로 날아들다

지문의 행적行蹟

그 어떤 말보다도 본인임을 증명하는

인감을 떼기 위해 지문을 찍었다

움켜쥔 손을 펼치면 저마다 다른 문양

내미는 손 잡으면 지난 삶이 환해지는

닳고 닳은 손가락이 나임을 거부한다

함부로 부려먹은 죄, 무심했던 손의 반란叛亂

허방

마법에 걸려든 나비가 날아왔다

황홀함에 눈이 먼 듯 앉으려 애태우는

명장이

그려놓은 꽃

문을 열지 않는다

환하다

분식점 문 열리자 할머니를 부른다

폐지 가득 실은 수레 야박한 하루 일당

봉지 속 소주병 몇 개 품에 슬쩍 안긴다.

길을 찾아 나서다

무시로 깜박이는 위험수위 이를까
금 간 시루 물 주듯 도서관 들어서다
책 속에 길이 있다는
그 길 혹여 만날까

사마천도 만나고 반 고흐도 만나는
직립의 도서들과 눈인사 건넬 즈음
이정표 넌지시 내민 건듯 읽는 프롤로그

베스트셀러 반열에 오르지 못해도
고전을 펼쳐 들면 밑줄 그은 문장 있다
성인聖人이 남기신 그 뜻
깊이 새겨 두란다.

화선지를 펼치다

어느새 마음결도
고요히 물 흐르듯

묵향 번져나는
화선지를 펼치다

붓을 든
나만의 시간
도움닫기 할 요량

서체도 시류 따라
틀을 깨고 싶은지

외길 걷던 정자체
한껏 멋을 부리는

뭉쳐야
살아남는 법
일러주는
캘리그라피

아침의 걸작

수묵화 드리워진 고요한 새벽 창가

감나무 잔가지에 작은 새 날아들어

새벽잠 깨우는 소리 아침이 눈을 뜨네

검은 실루엣 서서히 걷어내는

부신 걸작 만나는 새벽안개 걷히면

희붐한 미완의 풍경, 읽고 있는 저 여명

후투티가 날아왔다

오랜 날 소식 없던 지인의 안부 물고

초여름 그 어느 날 후투티가 날아왔다

위엄과 품위를 갖춘 투구를 쓴 족장님

통화 채 끝나기 전 소리 없이 날아간

아름다운 새는 다시 날아오지 않았다

가슴에 추억 하나쯤 묻어두고 살란다

황홀한 저녁

아름다운 순간은 머무르지 않기에

누군가 연신 카메라 셔터 누르는 소리

노을이 감동했는지 오래도록 붉었다

무지개 떴다는 소문 잠결에 들었는지

보시시 눈 부비는 까치발 든 달맞이꽃

갈대가 흔들리더니 황홀함 거둬갔다

여섯시, 그곳에는

피트니스센터 문 여는 썰렁한 사우나실

마디마디 풀리는 온탕에 몸 담그면

상큼한 하루의 예감 연록빛 아로마 향

세상 사는 이야기 탕 안에 번질 때쯤

누그러진 뒤꿈치도 피돌기 하려는지

개운한 아침을 여는 발걸음 가뿐하다

무대의 중심

황룡포 입은 왕이 위용 있게 걷는다

무대 위 스포트라이트 앞길 환히 열어준

한순간 감도는 정적 주위가 조용하다

금사실로 수놓은 오방색 으뜸자리

그 기운 받고 싶은 꿈틀거린 용 한 마리

천하를 평정하려는 문양이 눈부시다

누가 먼 길 떠났는지

하늘빛 내려앉은 쓸쓸한 구룡포 해변
아름드리 수박이랑 제물 가득 담긴 상자
구슬픈
갈매기 울음
누가 먼 길 떠났는지

한 줌의 재가 되어 푸른 바다 뿌려진
이승의 연緣 접어버린 가슴 아린 이별인가
파도가
황망한 듯이
몸부림치고 있다

침묵을 깨다

젊은이는 시설 좋은 웰빙스파 찾아가고
낡은 목욕탕엔 백발의 할머니 몇 분
이승의 안부를 묻네
또 한 사람 떠난 날

하직할 겨를 없이 삶의 끈 놓아버린
슬픈 소식 날아든 먼 길 간 그 이야기
뿌연 김
오르는 온탕
물 끼얹는 소리

02 / 미술관에 가다, 사찰 기행

넓고 깊은 그 안목
- 대구 간송미술관

백매白梅
- 김홍도

한 송이 두어 송이 잠결에 깨어난다
생동감 살아나는 디지털 영상기법
설레는 새봄의 정령 민족의 혼 깨우네

미인도
- 신윤복

은은한 조명 아래 조선의 미인 보네
상념에 잠긴 듯한 트레머리 저 여인
섬세한 유려한 필치 자태마저 고와라

훈민정음 해례본

귀문 살짝 열라는 소리로 지은 집 있네
눈먼 백성 가련하여 창제하신 나랏말
자모음 그 깊은 의미 오래도록 새기란다

청자상감운학문매병

청아한 비색 하늘 구름 사이 노니는 학
연판 문양 새겨진 고려의 불교 숭상
그 안목 넓고 깊어라 문화보국 가는 길

부끄러운 자화상
- 윤석남 조각 작품전

세상에 버려져 잠 못 이룬 그날부터
유기견 보살피는 자애로운 뜻 기리려
오로지 뜨거운 열정 쏟아버린 다섯 해

꼬리치며 반기는 떠오른 아린 잔상
저마다 개성 살린 환생한 1025마리
다 삭은 저 나무 조각 혼이 담긴 조각품

가족인 양 지내는 반려견 천만시대
뿌리치고 돌아선 부끄러운 인간사
슬픈 듯 우울한 눈빛 발걸음이 무겁다

빛의 화가 렘브란트
- 해외 교류전(2023년 대구미술관)

400년 전 세상 얘기 아련히 들리는
위대한 빛의 화가 렘브란트 바라본다
거울 속 자신의 모습 생기 소롯 불어넣은

머릿결 한 올 한 올 생생하게 살려낸
날것으로 담아낸 곱슬머리 자화상
사실적 섬세한 묘사 놀랍고 경외로운

누구도 판화라곤 믿기지 않을 듯한
전시장 압도하는 강렬한 저 눈빛
빛바랜 사진전 같아 깊숙이 빠져들다

화폭에 담은 사랑
- 이중섭

엄마와 아이들은 달구지 올라앉고

아빠는 소를 끌고 남쪽나라 향하는

살아서 이루지 못한 애틋한 그림 한 점

온기 나눈 시간보다 홀로 산 세월이 긴

그리움 짙어지는 화폭에 담은 사랑

한 시대 비운의 생애 가슴이 먹먹하다

화맥畵脈의 줄기를 보다
- 운림산방

예술의 그 경지는 어디까지 가 이를까

소치 허련 대代 이은 가계도 들여다보네

낙향한 첨찰산 아래 뿌리내린 남도 땅

벼슬마저 저버린 예인이 걸어간 길

물보다 진하다는 핏줄의 내력일까

시절은 가고 없어도 화향 널리 번지네

행복한 나무*
– 브로콜리 작가, 노애경 전시회에서

그림 속 저 마을엔 누가 살고 있을까
현대인의 로망 아름다운 전원주택
오랜 날 동경하던 꿈 자연 속에 살고픈

오색 풍선 날아오른 동화 속 걸어가면
행복한 나무들이 별을 달고 서 있는
신비한 이상향 세계 넌지시 손짓한다

가지엔 한 쌍의 새, 봄의 노래 부르고
사랑의 밀어 나눈 다정한 연인들과
창 넓은 지붕 위에는 꽃들이 화사하다

* 행복한 나무 : 브로콜리를 나무로 형상화한 작품

봄날이면 좋겠다

풍광 좋은 유화 한 점 거실에 들여놓자
긴 잠에서 깨어난 물오름 오르는 소리
어린 새 날아간 둥지 온기 아직 남았는지

물그림자 드리운 꿈결에 든 나무와
야생화 다투어 핀 화사한 봄 풍경
한 걸음 물러나보면 비경 한껏 살아난다

붓 하나로 그림 한 폭 오롯이 담아낸
내 삶도 풋풋한 봄날이면 좋겠다
꽃 시절 돌아가고픈 머물고픈 화양연화

달인, 그 머나먼 길
– 우리말 겨루기

빛바랜 순우리말 급류에 쓸려갈까
한판 승부 펼치는 가슴 설렌 월요일
발 빠른 추격전 벌인 열기 달아오른다

생경스런 고유어 칸칸이 숨겨놓은
과녁 살짝 빗나가는 정곡 놓친 어휘력
우리말 깨달을수록 말맛 살풋 씹힌다

세대 간 소통 단절 신조어 난무하는
캐내면 캐낼수록 신비스런 말의 근원
빛나는 민족의 유산遺産 후손들의 몫이다

대장정에 오르다
– 한국현대시조대사전

유장한 강줄기 대사전을 펼친다
고인에서 선인까지 두물머리 합류한
칠백 년 민족의 유산遺産 고유의 정형시

웅숭깊은 우물에서 길어 올린 시 한 구절
고물거린 깨알 글씨 렌즈 당겨 톺아보다
꽃대궁 밀어 올리기까지 자양분이 되어줄

노랫가락 가락마다 운율 살아나는
동면에 든 시를 깨워 내 안에 들이는 일
완주한 숨이 가쁘다, 이천이백 페이지

안정사 安靜寺

햇살 가득 들여놓은
아늑한 승방에 앉아

눈빛 맑은 스님과
차 한 잔 나눈 세밑

무시로
흔들린 마음
바람 재워
고요하다

쪽문 너머 세상
- 청량사 심금당

댓돌에 흰 고무신 나란히 벗어놓은

쪽문 너머로 본 출입금지 수행 공간

먼 산에

장끼 울음이

정적靜寂 깨는 그 봄날

무위사

청룡의 기운 받은 봄날 같은 정월 초순
동백꽃 두어 송이 실잠에서 깨어난다
풍경도 까무륵 잠든
극락보전 앞마당

절간도 늙어가고 벽화도 빛이 바랜
아미타 불상 아래 한껏 몸을 낮춘다
그 잠시 나를 버리고 무심으로 돌아가

월출산 굽어보는 동박새 날아간 마당
묵은해 다 가도록 비손할 일 남았는지
쥔 것 다 놓아버리고
수행修行에 든 팽나무

겨울 성전암
- 파계사

산짐승 발자국 먹이 찾아 내려온

성전암

오
  르
는
  길

산길에서 만난 스님

낙숫물 떨어질 때까지 몸 녹여 가라시네.

비질 자국 선명한 가파른 길 돌아들면
곱은 손 녹아드는 설경 속의 성전암
누군가 화엄세계로 길을 열어 놓았다.

지지 않는 꽃
- 내소사

열흘 붉은 꽃 없다 말들 그리 하지만

나뭇결 다 드러난 대웅보전 꽃살문

문양도 보물이 되어 발길 마냥 붐비네

세월의 흔적 남은 지지 않는 꽃처럼

그리운 이름일랑 묻어두고 살 일이다

가슴에 영원히 남을 먼 길 가신 어머니

가을, 구계서원
- 영남대학 민속촌

선인은 떠나가도 발자취 남아있는
유학의 큰 스승 우탁선생 모셔놓은
강학을 널리 펼쳤을
적요한 구계서원

수몰지역 안동에서 받들어 모셔 온
이윽히 우러러본 품격 높은 현판 서체
불의不義에 굴하지 않는
선비정신 떠오른다

충위사상 강론했을 깊은 뜻 빛바랠까
강직한 그 성품 잊지 마라 이르듯
청청한 소나무들이
낮은 담 에워쌌다

화답을 기다리는 시간
– 진품명품

긴 목이 미인 닮은 청화백자 주병 한 점

세상이 등을 돌려 내 품에 들어왔다

본색을 감추려 해도 DNA는 못 속여

가만히 응시하면 짝 찾아 날아드는

봄의 전갈 당도한 매화 눈 뜨는 가지

향기는 두고 왔구나, 덜미 낚아채일까

환생還生
- 진품명품

추정 연대 11세기 비색의 죽순주전자

애지중지 소장품 수술로 되살아나

세월이 남긴 생채기 본디 모습 찾았다

부채로 넘겨받은 기구한 사연으로

깨지고 금간 상처 보답이나 하는 양

감정가 이억 오천만 원 전광판이 환하다

03 / 봄 여름 가을 겨울

기다림
– 란蘭 전시장에서

신아新芽 한 촉 밀어 올려 무늬 하나 얻기까지

희귀한 그 무늬 명품에 등극하기까지

얼마나 기다렸을까, 봄의 전령 닿기까지

화통* 속 염원하는 신비의 빛 만날까

오랜 날 난 곁에서 서성이던 날들이

간절한 기도문인 양 표정들이 환하다

* 화통 : 공기구멍이 있는 난 도구(소품)

꽃잠 깨우는 봄

욕조에 들여놓은 미인은 잠꾸러기
연지곤지 찍어야 할 꿈꾸는 난을 보네
꽃물이 번지는 시간 내 마음도 물드네

전시회 채비로 가슴 마냥 설레는
그 고운 신비의 빛 어디서 오는 걸까
보일러 돌아가는 소리 기지개 켜는 소리

일월화 홍화 신비 수채화 황화소심
나직이 불러보는 이름마저 고와라
잠결에 화답하는 양 꽃대 쏙 올린다

3월의 엑스트라
- 蘭 전시장에서

화려한 조화들이 전시장서 밀려나

손님맞이 채비로 환하게 웃고 있다

나란히 줄지어 서서 어깨 서로 기댄 채

가식웃음 머금은 조연의 비애여

살면서 가슴 칠 일, 어찌 너뿐이겠니

애당초 넘볼 수 없는 부질없는 꿈인걸

의기투합

사나흘 내린 비로 제 몸을 못 가누고

봉숭아 꽃 울타리 일렬로 쓰러졌다

날 들자

어금니 물고

하나 둘 일어섰다

품격의 진위

화려함에 눈멀어 현옥되지 말 일이다

그윽한 백합 향기 꽃밭을 에워싸듯

덕행은

쌓아갈수록

따르는 이가 많다

엉겅퀴

유혹의 덫에 걸려
배회하던 벌 한 마리

제 가슴 겨냥하는
날선 가시 보았네

손 한 번
잡고 싶어도
너무 먼
당신

한낱 저 미물들도

아침햇살 내리면 갓난쟁이 미소 닮은

고 작은 품 들명날명 분주한 뜰을 보렴!

꽃들이 문 닫아걸까

배턴 터치 바쁘다.

한낱 저 미물들도 살아가는 방식 있네

채송화 송이송이 오므리는 한낮에는

썰물이 빠져나간 듯

하루의 닻 내린다.

호박꽃에 대한 예의

호박꽃도 꽃이냐, 비아냥대지 마라

그 낭설 받아치듯 벌떼 날아든 아침

색안경

벗어야겠네

깊은 속정 있었네

그 사이

시집 한 권 읽는 사이
또 한 송이 피었네

하얀 나비 날아와
산들바람 잠재워

이상향
찾아 헤매다
접시꽃에 앉은 날

봄의 파편

마루에 뛰어오른 다혈질 흑염소가

째려보다 발끈하여 기선제압 나섰다

쨍그랑!

제풀에 놀라

줄행랑친 그 봄날

봄의 전갈

노시인이 보내온 연하장을 펼치자

등걸 가지마다 망울망울 눈 뜨는 홍매

길한 일 생기려나 보다 봄의 전갈 받아든다

뜬눈으로 지새운 암울한 겨울 가면

거친 풍랑 잦아들어 환한 세상 오려나

저 밝은 상서로운 기운 밝아오는 을사년

슬픈 그 어느 봄날

아직은 홀로서기 깊고 얕은 데를 몰라
물 한 모금 마시고 하늘 한번 쳐다보다
깊숙한
우물 속인 줄
헤어나지 못했네

꽁지 긴 새 한 마리 조문 다녀갔는지
저 건너 숲속에서 간간이 들리는 비가悲歌
뜰에 선
감나무가지
눈물 떨군 오월에

자리다툼, 하는 봄

뜰에도 저간에는 자리다툼 있는지

좁은 틈새 비집고 명패 내민 잡초랑

잔디밭 잠식해가는 토기풀 군단 있다

금낭화 작약 붓꽃 배턴 터치 하는 사이

샛길로 달려와 융단 펼친 꽃잔디

둥굴레 봄의 교향곡 은종소리 들린다

봄비 그치면

귀엣말 소곤소곤 늦잠 깨운 삼일절
함성 소리 들리는 들녘으로 나간다
산수유 꽃가지마다 폭죽 펑펑 터뜨린

부푼 해토머리 촉촉한 이랑 일궈
고향 내 물씬 나는 거름 솔솔 뿌려야지
철부지 완두콩 깨워 다독여 심어야지

맨발로 건너왔을 발 시린 시금치랑
늦가을 뿌려놓은 파마머리 꽃상추
짚 이불 살짜기 걷어 눈맞춤 해줘야지

연잎 탁발

여우비 지나가자 아낌없이 내주는

연잎이 받아 모은 갈증 달랠 물 한 모금

또르르

굴
러
내
려
와

대궁 밀어 올린다

머나먼 여정旅程

먼 길 걸어오느라 앓는 소리 들리는
버팀목에 의지한 이순 앞둔 고목들
황혼역 입성했는지 과수원이 환하다

지난 세월 그려지는 썩은 저 둥치마다
휘어지고 굴곡진 머나먼 그 여정
나이테 늘어날수록 꿀샘 외려 깊어져

이제는 쉴, 나이에 몸 돌볼 생각 않고
유모차 밀고 가는 깡마른 작은 체구
일손을 차마 못 놓아 달그림자 끌고 간다

내 안에 너를 들이려

짠한 맘 추스르며 웃는 너를 송이송이

입동도 지난날에 노란 감국 땁니다

쓸쓸한 계절의 뒤란 이별 못내 아쉬워

가진 것 다 내주는 꽃들에게 죄인인 양

소곤대는 귀엣말 입맞춤 해줍니다

내 안에 너를 들이려 용서받고 싶은 날

가을날 채록하다

꽃 이름 잊고 살까 봉지마다 적어둔
가을볕 부신 날에 여문 꽃씨 받는다
봄날을 기약하는 양 고이고이 봉인한

접시꽃 해바라기, 꽃 울타리 두른 뜰
평화로이 넘나들던 벌 나비 떼 춤사위
봉숭아 꼬투리 봉긋 터질 듯 부푼 날에

까치발 들어 올린 앙증맞은 채송화랑
고 까만 씨앗 속에 분꽃 향기 숨겨둔
소르르 긴 잠에 빠진 꽃 이야기 채록하다

매듭달 창가에서

여러 해 태풍 겪은 뜰에선 늙은 감나무

차마 놓지 못한 감꼭지 쥐고 섰다

홍시는 앗아갔지만, 그것만은 못 놓아

한 해를 돌아보는 매듭달 창가에서

여문 시 한 편 없는 남루한 내 시 밭에

땅심을 돋우어 주려 고전 가만 펼친다

04 산골 이야기, 가족사진

아침 풍경

청개구리 한 마리 풀잎 위에 앉아서

안심지대 점치는 양 잣대를 재고 있다

지나는

바람이 살랑

갈 길을 일러준다

밤사이

밤이 가장 길다는 동짓달 어스름

먹이 찾아 내려온 고라니와 만났다

화들짝 달아난 저도, 나도 놀라 소스라친

야박하지 않은 인심 산밭에 남았을까

소리 없이 내려온 겁에 질린 눈망울

다녀간 흔적 지우려 밤새 눈이 내렸다

별

한 번쯤 빛나고픈
동경의 대상이다

힘들 때 바라보는
마음의 안식처다

인생길
찾아 헤맬까
위무하는 밤하늘

무정란

애꿎은 암탉들을 무시로 괴롭히는
거드름 피워대는 수탉을 잡았다
저간에 벼슬아치인 양 애첩 여럿 거느린

날마다 먹이 주던 정들었던 그놈을
차마 못 할 짓이라 남의 손을 빌렸다
기미를 알아챘는지 발버둥 치곤 하는

횃대 오른 수탉이 새벽을 알려주던
활기 잃은 산골마당 한적한 유월 한낮
고요가 금가는 소리 온기 아직 따습다

배추

겉잎이 여린 속잎 가슴으로 품으면

고 어린 속잎 자라 저도 한껏 보듬는다

사랑은

따뜻한 품에

안아주는 거란다

잡초

장마 그치고 나니 밀려드는 아우성

밟히고 쓰러져간 오월의 그날처럼

호미로 막을 수 없네, 그예 봇물 터졌네

천박하게 태어난 질기디질긴 목숨

내치고 뽑아내도 악착같이 버티네

기어코 살아남으려 명줄 움켜쥐었네

고요가 찾아왔다

잔디밭 그늘에서 찬물로 등목 시킨

폭염으로 칭얼대던 강아지 잠들었다

소르르 깊은 잠들어 고요가 찾아왔다

동거

인생 2막 펼치려 산골에 살다 보니

벌레며 거미들이 허락 없이 들어와

주인의 동의도 없이 함께 살아가잔다

창틈이며 외진 구석 안성맞춤 아지트

몰아내고 쓸어내도 어느 결에 터 잡아

한 지붕 아래 살자고 고물고물 거린다

직진은 금물이다

한 치 앞 가늠 못 한
사슴벌레 한 마리

창틀에 갇히어
볼모로 잡혀있다

주변을
둘러보란 듯
경고 내린
아침이다

이른 아침의 추적

핀셋을 들이대자 동그랗게 변장한
푸른 똥 뒤를 캐러 위치 추적 나선다
기온 뚝 떨어진 아침
배추잎 숭숭 뚫린

유기농 먹거리 고집해 온 이 가을
겹겹으로 에워싼 아늑한 저 둥지
고무락 무상 세입자
숨바꼭질하잔다

출구 없는 문

탈출구 찾아 헤맨 새 한 마리 죽었다
죽음에 이른 그 길 몇 바퀴나 돌았을까
소파며 투명한 창에 사투를 벌인 흔적

엄마 아빠 부르다 하늘나라 별이 된
무더운 그 여름날 차 안에 갇힌 아이
얼마나 두려웠을까
작은 나래
접기까지

묘책을 쓰다

1
하늘만 바라보는 목 타는 유월 한낮
제 딴엔 궁리 끝에 딸기밭에 숨었네
비밀리 은둔한 땅굴 맞닥뜨려 놀란다

2
한 달째 오락가락 난감한 우중손님
어느 날엔 감나무 아래 오늘은 아궁이 앞
피신처 찾아왔는지 우두커니 앉았다

3
섣부른 판단으로 궁지에 내몰릴까
꿈쩍도 안 하더니 한걸음 물러선다
전술을 펼치려는지 묘책 강구 중인지

손안에 든 아이들
- 워킹맘

출근길 종종걸음

머리 묶고 옷 입혀 놓은

혹여나, 늦잠 잘까 달아놓은 CCTV

마음은

콩밭에 있네

폰을 놓지 못하네

꽃잎은 흩날리고

꽃구경 나온 봄날 강둑길에 앉아서

가파른 돌계단 길 영남루 바라봅니다

살아서 오를 수 없는 강 건너 아득한 길

낙화 할 일만 남은 구순 노모 머리 위로

무심한 꽃잎은 설화인 양 날리고

꽃구경 또 오겠느냐, 하염없이 바라봅니다

목동 木洞

조간신문 가지러 현관문 활짝 열면
용왕산* 능선에서 뻐꾸기 울음 운다
각박한 이 서울에도 치유의 숲 있다니

새 울고 나무 많아 그늘 따라 도란도란
어린 시호 손잡고 학원 다녀오는 길
이런 날 다시 오려나 작은 손이 따습다

한 그루 꿈나무인 먼 날에 너도 자라
어린 묘목 옮겨 심은 그 뜻 알게 되리니
의연한 저 나무처럼 동량棟梁이 되어 주렴

* 용왕산 : 교육열이 높다는 서울 목동에 있는 야산 이름

동심童心

다섯 살 시현이가
고사리손 조물조물

종이꽃 화분을
창가에 가져왔다

햇볕을
좋아한다고
송이송이 핀다고

가족사진

삼대가 나란히 선 단란한 가족사진
가슴이 휑한 날에 그윽이 바라본다
떨어져 살고 있어도
허전한 맘 채워준

봄날의 새순마냥 곁가지 뻗어나간
어미 아비 눈매 닮은 초롱한 눈망울들
파랑새 둥지 찾으려
맨발로 서 있다

고단한 몸 뉘고 싶은 아늑한 둥지에 들면
든든한 울이 되고 힘이 솟는 피붙이들
잡은 손
놓지 말거라
가족임을 잊지마라

청하 淸河

제 빛깔 잊고 살까 본성 잃지 마라 하신

깊은 뜻 새겨야 할 받아든 아호雅號 하나

마음결 느슨해질까 빗장 슬쩍 걸어둔다

이름값 하고 살기 만만치 않은 세상

그 물길 굽이마다 길을 찾아 나선다

피라미 버들치 놀던 쏘알거리는 물빛

낙대폭포*

신경통 잦아든다는 암암리 번진 소문
마을 아낙 삼삼오오 물 맞으러 가셨지
모내기 후유증 앓던 허리 통증 달래려

하늘이 울던 날에 신작로길 나서신
궂은 날 택한 연유緣由 그때는 몰랐어라
세찬 물 흠뻑 맞아야 영험하다는 낭설

햇감자 숭숭 썰어 뚝뚝 뗀 밀수제비
헛헛한 속 달래려 달게도 드셨다던
빛바랜 풍경 속으로 먼 길 가신 어머니

* 낙대폭포 : 청도군 화양읍 범곡리 남산에 위치

그해 겨울은 따뜻했네

낡은 스웨터 풀어 한 올 한 올 떠올리신
바다 건너 열도에서 배워 오신 손뜨개
닿을 듯 아슴푸레한 온기 아직 남았다

아랫목 나란히 누워 옛날 얘기 듣는 밤
소리 소문 없이 밤새 눈이 내리고
눈 뜨면 그 환한 세상 설경 한 폭 펼쳐둔

내색은 않으셔도 속정 깊으셨는지
묵묵히 다섯 남매 바람막이 되어주신
아버지 사랑의 손길 그해 겨울은 따뜻했네

아까시나무와 대결

잘라낸 나무둥치 아까시 나이테 본다

전기톱 들이대도 쉽사리 자를 수 없는

고집 센 사내와 한판 사투 벌이는 굉음

한나절 씨름해도 반듯하게 자르지 못한

단단한 저 근육질 제 몸 단련하기까지

오로지 하늘을 향해 곧추세웠을 결기

| 해설 |
긍정과 순수로 빚은 희망의 빛살
문무학

긍정과 순수로 빚은 희망의 빛살

문무학 | 문학평론가

1. "오르고 또 오르"는 시인

시조시인 이희숙의 두 번째 시조집 『화답을 기다리는 시간』 원고를 찬찬히 읽다보니 고시조 한 편이 떠올랐다. "태산이 높다 하되 하늘 아래 뫼이로다/ 오르고 또 오르면 못 오를 리 없건마는/ 사람이 제 아니 오르고 뫼를 높다 하더라."는 조선 중기 문신이자 학자인 양사언의 시조다. 이 작품은 목표에 대한 도전 정신과 노력의 중요성을 주제로 하고 있다. 특히 종장은 사람들이 스스로 노력하지 않고 불평만 쏟아내는 세태를 비판하기도 한다.

이희숙 시인은 이 시조가 주는 교훈성을 철저하게 수용하며 시조의 길을 걷고 있다. 말이나 생각이 아니라

행동으로 바른 자세를 보여주고 있는 것이다. 실천하지 않는 결기는 결기가 될 수 없다. 세상의 일이란 그 어느 분야에서나 하기 어려운 일을 했을 때 보람을 얻을 수 있다. 보람은 그냥 오는 것이 아니라 땀을 요구하는 속성을 지닌다. 이희숙의 작품 「대장정에 오르다」를 보면 이런 사실을 인정하지 않을 수 없다.

유장한 강줄기 대사전을 펼친다
고인에서 선인까지 두물머리 합류한
칠백 년 민족의 유산遺産 고유의 정형시

웅숭깊은 우물에서 길어 올린 시 한 구절
고물거린 깨알 글씨 렌즈 당겨 톺아보다
꽃대궁 밀어 올리기까지 자양분이 되어줄

노랫가락 가락마다 운율이 살아나는
동면에 든 시를 깨워 내 안에 들이는 일
완주한 숨이 가쁘다, 이천이백 페이지
   -「대장정에 오르다-한국현대시조대사전」 전문

『한국현대시조대사전』은 한국시조시인협회에서 2021년에 편찬한 책이다. 이 시조의 첫수에서 드러나듯 '칠백 년 민족의 유산'인 시조를 가꾸어온 시조시인들의 약

력과 사진, 시인의 손글씨, 짧은 작품세계에 이어 두 페이지에 걸쳐 작품이 수록된 그야말로 대사전이다. 이 사전을 첫 페이지부터 마지막 페이지까지 읽는다는 것은 태산을 오르는 일에 비유할 수 있다. 이희숙 시인도 그것이 만만한 일이 아닌 줄 알고 그 일을 '대장정'이라고 했다.

'사전'은 일반적으로 낱말의 의미, 발음, 어원, 용법 등을 모아 일정한 순서로 배열하여 해설한 책이라는 의미를 갖는다. 따라서 『한국현대시조대사전』은 대한민국에서 현대시조를 쓴 시인 이름을 가다다 순으로 배열하여 시조시인들의 작품을 수록한 책이다. 사전은 읽는 책이라기보다는 필요할 때 찾아보는 책이다. 그런데 이희숙 시인은 찾아보는 책 사전을 읽는 책으로 발상을 전환시켰다. 그런 결기로 끝까지 읽어냈다.

결코 만만치 않은 이 일을 이희숙 시인은 왜 하고자 했을까? 그 까닭을 유추하는 것은 어려운 일이 아니다. 시조를 잘 짓기 위해서다. 이 사전을 통째로 읽으면서 나 아닌 다른 사람들이 시조를 어떻게 짓고, 시조라는 그 집에 무엇을 들이는가를 알아내고자 한 것이다. 따라서 이 사전을 읽기 전과 읽은 후의 작품은 달라도 많이 달라졌을 것이다. 그 속에서 이희숙 시인은 시조의 길을 찾았을 것이다.

이희숙 시인의 삶과 시조의 길을 찾는 결기와 끈기는 이 작품에서만 드러나는 것이 아니다.

> 무시로 깜박이는 위험수위 이를까
> 금 간 시루 물 주듯 도서관 들어서다
> 책 속에 길이 있다는
> 그 길 혹여 만날까
>
> 사마천도 만나고 반 고흐도 만나는
> 직립의 도서들과 눈인사 건넬 즈음
> 이정표 넌지시 내민 건듯 읽는 프롤로그
>
> 베스트셀러 반열에 오르지 못해도
> 고전을 펼쳐 들면 밑줄 그은 문장 있다
> 성인聖人이 남기신 그 뜻
> 깊이 새겨 두란다.
>
> —「길을 찾아 나서다」 전문

이렇게 책을 통해서 그 길을 찾고자 한다. 책을 통해 길을 찾겠다는 생각은 옳은 일일까? 의심의 여지가 없다.

데발로의 『소네트』에는 "책은 절대로 배반하지 않는 친구"라는 말이 있고, J. 에디슨은 『스펙테이터』에서 "

책은 대천재가 인류에게 남기는 유산"이라고 했다. 따라서 책에서 길을 찾는 것은 아주 현명한 일이 아닐 수 없다. 알고자 하는 모든 것을 알려줄 것이며, 보통 사람들보다 세상을 더 정확히 읽게 할 것이다.

이 작품의 첫수는 도서관에 가는 까닭을 밝힌다. 내 삶이 위기에 처할까 봐 그 위기에 대처하기 위해 도서관에 가는 것이다. 둘째 수는 도서관에서 동서양의 학자와 예술가를 만나고 그들의 말씀을 듣는다. 셋째 수는 고전을 펼쳐 들면 그 책을 먼저 읽은 사람이 그어 놓은 밑줄이 있다.

책을 읽을 때 밑줄을 치는 것은 그것이 책의 중요한 내용이거나 그 말에 공감이 가거나 깨달음을 주기 때문이다. 시인은 이렇게 도서관에서 삶과 시조의 산을 오르고 있다.

2. 왼손의 지문

손은 어떤 상징을 갖는가? 오른손은 긍정적이고 우월한 의미를 상징하는 경우가 많다. 대부분의 사람이 오른손을 더 자주 사용하고 힘이 강하기 때문에 오른손은 힘, 권력, 권위를 상징하기도 한다. '옳은'의 의미를 가진 'Right'는 영어에서도 '올바른'이라는 뜻을 포함하고 있어, 오른손은 정의, 선, 진실을 상징하기도 한다. 맹세할 때 오른손을 드는 행위가 대표적이다. 그 외 능동성과 행동, 남성성, 양陽의 기운을 상징하기도 한다.

반면 왼손은 상대적으로 부정적이거나 열등한 의미를 지니는 경우가 많지만 특별하고 영적인 의미를 담기도 한다. 서양문화에서 'Left'는 라틴어 'Sinister'에서 유래했는데 '불길한', '사악한' 의미를 지닌다. 따라서 불운, 악, 부정적인 것을 상징하는 경우가 많다. 왼손은 수동성, 직관, 내면, 잠재된 능력을 상징하기도 하고 꿈이나 무의식과 연결된다. 왼손은 주류에서 벗어난 비전통적이고 은밀한 것을 상징하며 여성성, 음陰의 기운을 상징하기도 한다.

세상의 중심 추는 힘센 쪽으로 기울어

그 길을 찾아 나선 발 빠른 초침소리

왼손엔 그늘이 있다 악수 한 번 못 해본

두 손 마주 잡으면 안 되는 일 없다지만

조연으로 살다가 사라진 배우처럼

여태껏 축배의 잔은 돌아오지 않았다

- 「왼손엔 그늘이 있다」 전문

이 작품은 이 시집에 실리는 작품을 해설하는 단서를 제공하는 작품이다. 제목 자체가 강한 페이소스를 자극하기 때문이다. 이 작품에는 자본과 권력, 그리고 명예를 가진 사람들의 삶을 바라보기만 하는 사람들의 비애가 서려 있다. 누리고 사는 삶은 오른손 쪽 사람이고, 바라보기만 하는 삶은 왼손 쪽으로 사는 사람들이다. 바라만 보는 사람의 삶은 아픔이다. 우리들의 삶이 고달픈 것은 그 아픔을 딛고 일어서야 하기 때문이다.

첫수에서 세상은 오른쪽으로 기울어져서 그 길을 발빠르게 쫓아가는 사람의 세상이 된다. 그러나 왼손은 권위나 권력과 같은 것과 악수 한번 하지 못한다. 말로는 우리 정치권에서 외쳐대듯 마주 잡으면 다 된다고 하지만 평생을 조연으로 살다 가는 배우가 있고, 축배의 잔은 왼손에 들려지지 않는다. 이 작품은 바로 이런 손의 상징성을 통해서 세상을 읽는 시인의 안목이 스며 있다. 바뀌어야 할 세상을 나직이 노래한다.

이렇게 왼손을 더 많이 쓰는 사람들의 삶에는 어떤 특징이 있게 마련이다. 어떤 특징이 있을까. 다음 작품이 그것을 잘 알려준다.

그 어떤 말보다도 본인임을 증명하는

인감을 떼기 위해 지문을 찍었다

움켜쥔 손을 펼치면 저마다 다른 문양

내미는 손 잡으면 지난 삶이 환해지는

닳고 닳은 손가락이 나임을 거부한다

함부로 부려먹은 죄, 무심했던 손의 반란反亂

― 「지문의 행적」 전문

 '지문'은 모든 사람에게 고유하며 복제 불가능하다. 심지어 일란성 쌍둥이도 지문이 다르다고 한다. 이런 특성으로 지문은 그 사람만이 가진 독특한 정체성과 개성을 상징한다. 범죄 수사에서 지문이 중요한 증거로 사용되는 것도 바로 이런 지문의 특성 때문이다. 또한 흔적과 영향, 개인이 어떤 상황이나 다른 사람에게 영향을 미치거나 흔적을 남기는 것, 진실성과 명백함을 상징하기도 한다.

작품 「지문의 행적」은 이런 상징을 껴안고 있다. 지문을 찍어야 하는데 지문이 나오지 않는다. 지문이 사라진 것은 삶의 고달픔을 드러내는 흔적이다. 그러나 화자는 그런 넋두리를 하지 않는다. 담담하게 받아들이며 자책한다. 손을 함부로 사용했다는 것이다. 그러나 그것이 어찌 죄가 될 수 있겠는가 살기 위해 손을 너무 혹사시키지 않을 수 없었다. 손에게 섭섭하게 해서 손이 반란을 일으킨 것으로 보았다. 슬프고 아픈 사실을 해석하는 화자의 시선이 애잔하다. 시인의 시선은 왼손 쪽으로 기울어진다.

눈발 휘날리며 저물어 가는 세모歲暮에
아무런 기척 없이 현관문에 걸어둔
봉지 속 고이 잠들은 붕어빵 네 마리

상류로 오르기까지 이미 식어 싸늘한
정만 두고 사라진 깊어가는 겨울밤
붕어빵 팔던 그녀를 잠시 잊고 살았네

간간이 마주치면 환한 미소 잃지 않던
삶의 무게 짓눌린 오누이를 둔 그녀

한입 문 말랑한 팥소 가슴이 싸아하다

- 「상류로 온 붕어」 전문

　서사가 있는 이 작품은 화자의 따스한 마음이 배어있다. 오누이를 둔 여인은 붕어빵을 팔아서 생계를 유지한다. 그런 그가 한 해가 저무는 밤에 간간이 마주치는 이웃에게 정을 베풀고자 붕어빵을 현관문에 걸어놓고 갔다. 작품에서 빵이면 몇 '개'가 되어야 하지만 '마리'로 표현한 것은 둘째 수의 '상류'로 이어지게 하는 시적 기교다. 왼손으로 하류에 사는 사람들이 정으로 마음을 나누는 일이 아름답기 그지없다. 그런 왼손의 마음에 시인은 가슴이 미어진다.

　같은 궤적을 그리는 작품 「환하다」도 왼손의 삶을 살피는 화자의 따스한 눈길이 있다.

분식점 문 열리자 할머니를 부른다

폐지 가득 실은 수레 야박한 하루 일당

봉지 속 소주병 몇 개 품에 슬쩍 안긴다.

- 「환하다」 전문

3. 왼손의 삶을 달래다

 왼손의 삶을 달래는 길은 여러 갈래가 있을 수 있다. 이희숙 시인은 왼손의 삶을 예술과 종교에서 찾고 있다. 예술은 좀 더 구체적으로 회화, 조각, 골동품 등에서, 종교는 불교에서 찾았다. 예술은 삶을 위로하는 힘으로 인간이 느끼는 다양한 감정을 표현하고 해소할 수 있는 안전한 통로를 제공한다. 작품 속 인물이나 상황에 공감하며 나만이 슬픔이나 불안을 갖는 것이 아니라는 위안을 얻을 수 있게 한다.
 예술은 고달픈 삶을 위로하는 것에 그치지 않고 지루하고 반복적인 일상에서 새로운 자극과 영감을 주기도 한다. 예술을 감상하는 것은 현실에서 벗어나 잠시 다른 세계로 몰입할 기회를 제공한다.
 또한 미처 깨닫지 못했던 아름다움이나 새로운 관점을 제시하여 삶을 다르게 바라볼 수 있는 시야를 넓혀주기도 한다. 그래서 예술은 치료의 도구로도 활용된다. 예술은 트라우마나 상처를 간접적으로 다루며 정서적 회복을 돕는다.
 예술은 개인에게 위로를 주는 동시에 사람들과의 연결과 소통을 가능하게 한다. 같은 작품을 감상하고 공감하며 서로의 감정을 나누는 과정은 공동체 의식을 형

성하고 외로움을 덜어준다. 예술을 통해 다른 사람의 생각과 감정을 이해하고 공감하는 능력은 사회성을 기르는 데도 큰 도움을 준다. 따라서 왼손의 삶을 오른손으로 전환하게 하는 힘을 가지고 있다. 이희숙 시인은 미술관에서, 절에서, 골동품을 다루는 TV의 전문 프로그램에서 그런 예술을 접한다.

이 시집의 제목이 된 작품 「화답을 기다리는 시간」은 골동품 이야기다.

> 긴 목이 미인 닮은 청화백자 주병 한 점
>
> 세상이 등을 돌려 내 품에 들어왔다
>
> 본색을 감추려 해도 DNA는 못 속여
>
>
> 가만히 응시하면 짝 찾아 날아드는
>
> 봄의 전갈 당도한 매화 눈 뜨는 가지
>
> 향기는 두고 왔구나, 덜미 낚아채일까
>
> ― 「화답을 기다리는 시간」 전문

청화백자는 본래 14세기 초 중국에서부터 생산되었고, 우리나라에서는 조선 세조 시기부터 18~19세기까지 만들어진 조선백자의 일종으로 알려진다. 순도 높은 백자에 청색의 코발트 안료로 무늬를 그리고, 그 위에 투명 유약을 입혀 불꽃 안쪽의 녹색을 띠는 부분 환원염還元焰에서 구워낸 도자기를 말한다. 제작 시기, 희소성, 보존상태, 예술성 그리고 진위 여부에 따라 그 가치가 달라질 수 있는 골동품이다.

이 작품은 제목에 상당한 의미가 실린다. '화답和答'은 '시나 노래에 응하여 대답함'이라는 의미를 갖지만 영역을 확대하면 예술 전 영역의 작품으로 볼 수 있다. 청화백자 주병을 예술 작품으로 보고 그 주병이 진품인지 가품인지를 구별할 수 있기를 기다리는 시간이다. 그 대답의 시간은 쉬 오지 않는다. 진위 여부를 가리기가 쉽지 않기 때문이다. 기다림의 시간은 편한 시간이 아니다.

이 작품의 첫수는 청화백자 주병을 제시하고, 중장에서 "세상이 등을 돌"렸다고 하는데 이 말의 의미를 파악하는 것이 이 시를 이해하는 관건이다. "세상이 등을 돌려"라는 중장 초구는 세상에서 인정받지 못했다는 의미다. 굳이 따지자면 가품이라는 것이다. 시인은 그 가품을 품에 안았다. 진품으로 대접받고 싶었지만 태생은 속일 수가 없어 주병은 진품으로 인정받지 못했다. 이 사실을 우리 삶으로 끌고 오면 참삶에 대한 은유가 될 수 있다.

둘째 수는 설사 그 주병이 진품이 아니라 해도 가만히 들여다보면 짝 찾아 벌 나비가 나를 듯하고, 봄을 알리는 매화 가지는 눈을 뜬다. 그러나 그 매화에서는 향기가 나지 않는다. 화자는 "향기는 두고 왔구나"라는 종장 첫 구로 아쉬움을 토로한다. 그것이 가품이라는 것이 들통날까 봐 그렇다고 해석한다. 진짜보다 더 많은 가짜가 판치는 세상, 정의보다 불의에 가까운 사람들이 더 많은 세상, 그러나 우리 삶에서 진위는 드러나고 만다는 것을 말하고 싶어했다.

정작 시인이 기다리는 화답은 청화백자의 진위에만 있는 것이 아닐 것이다. 시조를 쓰는 시인은 자신이 창작하는 시조가 진품의 청화백자가 되기를 바란다. 그 진품을 기다리는 시간은 고달프다. 그 고달픔을 즐기는 것이 시인의 삶이다. 그의 시조는 겉불꽃보다 낮으며 환원력이 센 환원염으로 구워지는 진품 청화백자처럼 시조가 구워지기를 기다리는 것이다. 오르고 또 오르는 시인의 결기가 여기서도 드러난다.

이희숙 시인은 길을 찾으러 도서관에 가듯이 팍팍한 삶을 위로받기 위하여 미술관으로 향하고 절간에 지친 몸을 앉히기도 한다.

    엄마와 아이들은 달구지 올라앉고

    아빠는 소를 끌고 남쪽 나라 향하는

    살아서 이루지 못한 애틋한 그림 한 점

    온기 나눈 시간보다 홀로 산 세월이 긴

    그리움 짙어지는 화폭에 담은 사랑

    한 시대 비운의 생애 가슴이 먹먹하다

              -「화폭에 담은 사랑-이중섭」 전문

  화가 이중섭은 가족을 아주 사랑했다. 그렇지만 한국전쟁으로 인해 가족과 떨어져 지낼 수밖에 없었다. 이러한 상황 속에서 그는 가족에 대한 애틋한 그리움과 사랑을 담은 그림을 많이 그렸다.

  그중 하나인 「길 떠나는 가족」(1954)을 보고 쓴 작품이다. 이 작품은 소달구지에 가족을 태우고 따뜻한 남쪽 나라로 떠나는 상상 속의 모습을 그려 가족과의 재회에 대한 희망을 담아내고 있다. 이 작품도 이 시집의 대주제가 된 그늘이 있는 왼손의 삶과 상통한다.

첫수의 초중장은 그림을 설명한다. 이미지가 선명히 그려진다. 그러나 종장은 시인의 마음이 화가의 삶으로 치환되어 살아서 이루지 못한 애틋함으로 결구된다.

둘째 수는 비운의 시대를 살았지만 예술혼을 불태우며 한국 미술사에 큰 발자취를 남긴 화가 이중섭의 생애가 요약된다. 그는 가족과 함께 살며 온기를 나눈 시간보다 홀로 산 세월이 더 길었다. 가족에 대한 그리움을 화폭에 담아 왼손의 삶을 산 그를 우러르고 있는 것이다.

이희숙 시인은 삶의 길과 시조의 길을 올곧게 걷기 위하여 절간을 자주 찾았다. 안정사, 청량사, 무위사를 찾았고, 파계사, 내소사도 찾았다.

그중 파계사에서 쓴 「겨울 성전암」을 본다. 절에는 문자로 쓰지 않은 시가 즐비한 곳이다. 절로 오르는 길은 비질의 흔적이 정갈하고, 스님의 염불 소리, 풍경 소리, 범종 소리 등은 문자로 드러낸 시보다 더 사람의 마음을 움직일 수 있다.

    산짐승 발자국 먹이 찾아 내려온

    성전암

오
르
는
길

산길에서 만난 스님

낙숫물 떨어질 때까지 몸 녹여 가라시네.

비질 자국 선명한 가파른 길 돌아들면
곱은 손 녹아드는 설경 속의 성전암
누군가 화엄세계로 길을 열어 놓았다.

- 「겨울 성전암 -파계사」 전문

　첫째 수에서 겨울 파계사 성전암을 찾은 화자는 성전암 오르는 길에서 스님을 만난다. 그 스님은 눈이 녹아 절집의 처마에서 낙숫물이 떨어질 때까지, 그러니까 따뜻해질 때까지 몸을 녹여 가라고 친절하게 대해준다. 이른 아침에 절을 찾았나 보다.
　둘째 수는 성전암 가는 가파른 길을 비질한 자국이 선명한 길을 돌아들면 설경 속의 성전암이 보인다. 눈이 내린 성전암을 보는 화자의 감회가 깊지 않을 수 없다.

이 작품의 깊은 의미는 둘째 수 종장에 있다. 둘째 수 종장을 위해 스님을 만났으며, 비질한 가파른 길을 올랐고 절간을 돌아왔다. 눈 내린 성전암은 화엄 세계의 길을 열어놓았다. 불교의 화엄 세계는 단순히 아름답고 환상적인 공간을 넘어, 부처님의 깨달음과 지혜가 가득하여 모든 존재가 서로 조화롭게 연결된 광대하고 무한한 진리의 세계를 말한다. 화자도 왼손 세계와 오른손 세계가 다르지 않아야 한다는 사실을 은연중 내비치고 있다.

4. 왼손 쪽 호박꽃과 오른손 쪽 난초

왼손의 세계와 오른손의 세계는 인간 세상에만 있는 것이 아니다. 식물의 세계에서도 그런 차별은 존재한다. 그 차별은 식물 자체가 발산하는 것이 아니라 인간의 왜곡된 인식에서 비롯되는 것이다. 이를테면 난초는 귀한 꽃이고 호박꽃은 천한 꽃이라는 인식은 난초나 호박꽃의 실체가 아니다. 사람들이 그렇게 인식하고 있을 뿐이다. 그런 인식에 대해서 화자는 그것이 잘못된 인식이라는 것을 말하고 싶어한다.

호박꽃도 꽃이냐, 비아냥대지 마라

그 낭설 받아치듯 벌떼 날아드는 아침

색안경

벗어야겠네

깊은 속정 있었네

－「호박꽃에 대한 예의」 전문

 긴 설명이 필요 없는 시다. 그러나 이 작품에 간과해서는 안 될 사실이 있다. 사람들이 호박꽃에 대한 부정적 인식을 벗어나게 해야 할 필요가 있다는 것이다. 시인은 제목을 「호박꽃에 대한 예의」라고 직설적으로 부쳤지만 그것이 시의 메시지를 더욱 강하게 하는 장치가 될 수 있을 것으로 보인다. 시조의 본령이라고 하는 단수 작품에 시인이 하고 싶은 말을 단호하게 밝히고 있다. "호박꽃도 꽃이냐"라는 속담을 초장 첫 구로 내세우면서 초장 외 구에서 그렇게 하지 말라고 당부한다.

 중장에서 그런 인식을 벗어나야 하는 이유를 밝혔다. 화자는 호박꽃에 벌떼가 날아드는 아침에 그 말이 낭설

임을 알아차린다. 그래서 초장에서 밖을 향해서 소리쳤지만 중장에서 인식을 바꿀 단서를 발견하고 종장에서는 화자부터 그러지 말아야겠다는 다짐을 하는 것으로 결구한다. 실제로 호박꽃은 관대함과 너그러움을 상징하기도 하고, 호박꽃의 꽃말 중에는 '사랑의 용기'도 있다. 뿐만 아니라 "호박이 넝쿨째 굴러 들어온다"는 속담처럼 여러 행운이 한꺼번에 찾아오는 길운을 의미하기도 한다.

  왼손의 편에 있는 호박꽃과 오른손 쪽의 대표적인 꽃으로 난을 든 것은 탁월한 대비라고 할 수 있겠다.

    신아新芽 한 촉 밀어 올려 무늬 하나 얻기까지

    희귀한 그 무늬 명품에 등극하기까지

    얼마나 기다렸을까, 봄의 전령 닿기까지

    화통* 속 염원하는 신비의 빛 만날까

    오랜 날 난 곁에서 서성이던 날들이

    간절한 기도문인 양 표정들이 환하다

* 화통 : 공기구멍이 있는 난 도구(소품)

- 「기다림-란(蘭) 전시장에서」 전문

 난초는 참으로 다양한 상징을 거느린다. 동양 문화권에서는 선비의 고고한 기상, 깨달음, 그리고 영적인 성장을 상징하기도 한다. 난초꽃의 은은한 향기와 절제된 아름다움은 선비의 정신과도 연결된다. 선비들은 난초를 통해 자신을 가꾸고자 방에 난초를 두기도 했다. 희귀한 품종이 많아 특별함과 고급스러움의 상징이 되며, 또한 섬세해 보이지만 강인한 생명력을 갖고 있어 사랑받는다.

 화자가 난초 전시장에 갔다. 난초 전시장에서는 희귀한 난초를 만날 수 있다. 이 작품에서 드러나듯 희귀한 무늬를 가진 난초를 만났고, 그 희귀함으로 명품에 올랐다. 무늬가 없는 난초는 명품의 반열에 오르지 못한다. 화자는 그런 난초를 의인화하여 희귀한 무늬를 가지기까지 얼마나 많은 세월을 견뎌냈을까 하는 상상을 하고 만다. 이런 인식은 이희숙 시인이 끈질기게 물고 늘어지는 오르고 또 오르는 끈기로 해석되기에 부족함이 없다.

 둘째 수에 와서는 어떻게 하면 특별한 무늬를 가진 난초를 만날 수 있을까 염원하면서 오랜 날 난초 곁에서 서성이던 날을 생각한다. 그런 염원을 안고 바라보는 희귀한 무늬를 가진 명품 난초를 간절한 기도의 결과로 인식하고, 그 앞에 서면 놀라움과 신비함에 표정이 환해진다는 것이다. 난초에 관심 없이 난초 전시장에 가는 사람은 없을 것이니, 시인은 도서관을 가고 미술관을 가듯 난초 전시장에서 왼손의 삶이 오른손의 삶으로 향하는 길을 모색한다.

5. 왼손의 잡초와 오른손의 가족

잡초는 다양한 상징을 거느리는데 부정적인 상징으로 방해와 혼란, 끈질긴 생명력과 제거의 어려움, 불필요함이나 가치 없음 등이 있다. 긍정적인 상징은 생명력과 회복력, 자연의 섭리 등이 있다. 문학이나 예술 작품에서는 잡초가 작가의 의도에 따라 위에서 언급한 다양한 의미 중 하나 또는 그 이상을 복합적으로 사용할 수 있다. 어떤 작품에서는 잡초가 억압받는 계층이나 소외된 존재를 상징하며 끈질긴 생명력으로 결국 극복해 내는 모습을 보여주기도 한다.

장마 그치고 나니 밀려드는 아우성

밟히고 쓰러져간 오월의 그날처럼

호미로 막을 수 없네, 그예 봇물 터졌네

천박하게 태어난 질기디질긴 목숨

내치고 뽑아내도 악착같이 버티네

기어코 살아남으려 명줄 움켜쥐었네
-「잡초」전문

 이희숙 시인의 「잡초」는 앞에서 살펴본 잡초의 상징을 복합적으로 사용하고 있다. 첫수에서는 잡초가 농작물 재배를 방해하고, 혼란스럽게 하며, 제거하는 것이 매우 어렵다는 것을 토로하고 있다. 그것을 현대사의 아픔과 연결시키기도 하면서 도저히 이길 수 없다는 어려움을 드러낸다. 다른 작품 「동거」를 보면 "인생 2막 펼치려 산골에 살다 보니"라는 초장이 있는데 실제 산골 삶을 산 경험 속에서 우러난 작품이다.

 둘째 수에 오면 긍정적인 상징으로 끈질긴 생명력과 회복력을 표현하고 있다. 초장의 태생은 자연의 섭리에 속하는 것이고, 중장은 끈질긴 생명력, 종장은 회복력으로 읽을 수 있는 것이다. 이 작품은 긍정과 부정의 상징

을 복합적으로 사용하면서 잡초의 실체를 드러내고 있
다. 이런 사실을 더 깊이 생각하면 잡초의 삶이 아니라
인간의 삶으로 치환할 수 있고 인간 중에서도 왼손의
삶을 사는 사람들에 비유될 수 있다.

  산골에 살면서 자연에 순응하거나 대처하는 여러 삶
의 경험들이 있는데,「동거」를 비롯해서「이른 아침의
추적」,「밤사이」,「아까시나무와 대결」 등이 그것이다.
이런 작품들은 산골 생활의 어려움이기도 하지만 기쁨
이 될 수도 있을 것이다. 실제 시인의 작품으로도「아침
풍경」이나「배추」같은 작품은 기쁨을 보는 것이며,「직
진은 금물이다」같은 작품에서는 사슴벌레가 창틀에 갇
혀있는 것을 보고 직진은 금물이라는 교훈을 얻어내기
도 한다.

  왼손 쪽 삶과 오른쪽 삶의 온도는 차고 따뜻한 것으
로 대비될 수 있다. 인간의 삶은 차기만 해도 안 되고 따
뜻하기만 해서도 안 된다. 차면 찬 대로 더우면 더운 대
로 어려움이 따르기 때문이다. 그러나 추울 때는 춥고
따뜻할 때는 따뜻해야 삶의 균형을 맞출 수 있다. 사람
살이의 온도는 기후 하나의 온도로 이루어지지 않는다.
기후가 아무리 춥다 해도 그 기온을 높여주는 사람들이
가진 체온이 있기 때문이다. 체온을 나누는 사람들 그
게 가족이다.

삼대가 나란히 선 단란한 가족사진
가슴이 휑한 날에 그윽이 바라본다
떨어져 살고 있어도
허전한 맘 채워준

봄날의 새순마냥 곁가지 뻗어나간
어미 아비 눈매 닮은 초롱한 눈망울들
파랑새 둥지 찾으려
맨발로 서 있다

고단한 몸 뉘고 싶은 아늑한 둥지에 들면
든든한 울이 되고 힘이 솟는 피붙이들
잡은 손
놓지 말거라
가족임을 잊지마라

- 「가족사진」 전문

  화자가 가족 이야기를 하고자 「가족사진」 한 장을 꺼내들었다. 가족은 개인이 태어나 가장 먼저 소속감을 느끼는 집단으로 깊은 유대감과 소속감을 드러낸다. 가족의 핵심 상징은 이익 관계를 초월한 애정과 친밀감, 안식처와 보호, 성장과 발전, 지속성과 전통, 협력과 공유를 상징한다. 동양문화권에서는 효 사상과 조상 숭배가 강해 가문이나 족보가 중요한 가족 상징으로 여겨지기도 한다.

이 작품에는 이런 다양한 상징들이 들어있다. 첫수는 화자가 가슴이 휑한 날 가족 사진을 바라본다. 3대가 나란히 서서 찍은 사진이다. 사진 속에 있는 그 가족들과 떨어져 있어도 허전한 마음이 채워진다고 한다. 누구나 경험했을 만한 일이다. 둘째 수는 그 사진을 세밀하게 바라본 느낌을 전한다. 아들이 아들을 낳고 딸이 또 딸을 낳아 곁가지를 뻗어나간 아이 중에는 맨발로 선 아이가 있다. 화자는 그것을 파랑새를 좇느라 맨발이라고 본다.

파랑새는 동서양을 막론하고 희망, 행복, 꿈을 상징하는 친근한 새다. 벨기에 작가 모리스 마테를링크의 동화 『파랑새』에서 틸틸과 미틸 남매가 찾아 헤매던 파랑새가 결국 자기 집 새장 안에 있었다는 이야기는 진정한 행복은 멀리 있는 것이 아니라 늘 가까이 있다는 것을 알려주었다. 이렇게 손에 잡힐 듯 잡히지 않는 막연한 행복 또는 간절한 소망을 상징한다. 우리에게는 동학 혁명의 노래에 파랑새가 등장하는 것처럼 미래에 대한 이상과 꿈을 상징하기도 한다. 가족사진 중 맨발의 아이 하나가 가족 전체의 꿈을 대변해주고 있다.

셋째 수에서는 살면서 고단해진 몸을 쉬려고 둥지에 들면, 사진 속의 그 가족들이 든든한 울이 되는 것은 물론이고 힘을 솟게 한다고 한다. 참 당연한 일이다. 가족은 피를 나눈 사람들이라 그렇게들 서로가 서로에게 힘을 주고 받는 것이다. 그러면서 종장에서 간곡히 부탁한다. 가족이기 때문에 서로가 잡은 손을 놓아선 안 된다고…. 가족이 있으면 왼손의 삶에서 벗어날 수 있다. 가족 사랑으로 오른손의 삶으로 발걸음을 옮길 수 있다.

6. 탁발에서 오는 화답

인간의 삶에서 회피하고 싶은 비애는 우리 삶에 끊임없이 이어져 온다. 비애가 어디서 오고 원인이 무엇이냐 하는 문제는 철학의 문제가 될 것이다. 그러나 가장 흔한 비애의 원인 중 하나는 상실이다. 그리고 좌절과 실망, 외로움과 고립, 불확실성과 불안, 정의롭지 못함과 불공평함, 내적 갈등과 존재론적 질문 등이 비애의 원인으로 꼽힌다. 이 시조집에 드러나는 비애의 원인은 존재의 본질과 내적 갈등에서 오는 비애다.

이희숙 시인은 우리 삶에서 오는 비애를 극복하기 위해 끈질기게 노력하는 시인이다. 시인은 긍정의 산을 오르고 또 오른다. 누구도 쉬 따를 수 없는 걸음걸이다. 우리 삶에는 왼손의 삶과 오른손의 삶이 존재한다는 전제 아래, 내적인 갈등을 넘어 빛을 창출하는 시조로 표현되고 있다. 그런데 시인의 갈등이 부정에서 긍정으로 치닫고 있어 비애가 비애를 넘어서는 지혜를 시조 속에 갈무리하고 있다. 그 지혜는 긍정이고 순수며 희망이었다.

이 같은 삶에 대한 인식을 바탕으로 이희숙 시인의 『화답을 기다리는 시간』에 실린 작품들을 해설하면서 필자는 세 가지 판단을 정리할 수 있었다. 첫째 이희숙의 시조가 긍정적이라는 사실이다. 긍정적 사고방식은 상황이나 사건을 바라볼 때 희망적인 관점을 가진다. 막연한 믿음을 넘어 어려움 속에서도 가능성을 찾고 문제 해결에 집중하며 좋은 결과를 기대하는 태도를 말한다. 이희숙 시인이 시조를 대하는 태도는 바로 그렇다.

둘째는 이희숙의 시조는 순수하다. 그 근거는 이희숙 시조에는 땀이 배어있다. 그는 바른 삶을 살기 위해, 좋은 시조를 쓰기 위해 책상 앞에 앉아만 있는 시인이 아니다. 도서관엘 가고, 미술관에 가고 절간을 찾으며 수시로 전시장에 간다. 그리고 산골에서 농작물을 가꾸기도 했다. 순수는 내면의 상태가 맑고 꾸밈이 없는 것에서 나온다. 그래서 그의 시조는 순수하다. 긍정과 순수의 어깨가 나란하다.

셋째는 이희숙의 시조가 희망의 빛을 비춘다는 것이다. 희망을 비추는 빛살은 긍정과 순수가 만든다. 왼손엔 그늘이 있다는 시를 쓴 그는 언제나 왼손의 삶에서 오른손의 삶으로 향하는 길을 걸어왔다. 그의 시조가 그렇고 그가 사는 모습이 그렇다. 문학이라는 언어예술이 할 수 있는 일을 꾸준히 해서 희망의 빛살을 짜낸 것이다. 누구라도 그 빛살 받으면 삶을 사랑하는, 희망을 다독일 수 있을 것이다.

화답을 기다리는 시인, 이희숙의 기다림의 시간은 그리 길고 멀지 않을 것이다. 연잎이 받아 모은 빗물이 또르르 굴러 내려와 대궁 밀어 올리듯이, 그의 시조에 맑고 환한 화답이 들릴 것이다. 이를 상징할 수 있는 작품 「연잎 탁발」을 읽어 화답한다.

여우비 지나가자 아낌없이 내주는

연잎이 받아 모은 갈증 달랠 물 한 모금

또르르

굴

러
내
려
와

대궁 밀어 올린다
　　　　　　　　　－「연잎 탁발」 전문

라온현대시인선 01 | 이희숙 시조집

화답을 기다리는 시간

인쇄 | 2025년 6월 16일
발행 | 2025년 6월 20일

글쓴이 | 이희숙
펴낸이 | 장호병
펴낸곳 | 북랜드
　　　　04556 서울 중구 퇴계로41가길 11-6, JHS빌딩 501호
　　　　41965 대구 중구 명륜로12길 64(남산동)
　　　　전화 (02)732-4574, (053)252-9114
　　　　팩스 (02)734-4574, (053)252-9334
　　　　등록일 | 1999년 11월 11일
　　　　등록번호 | 제13-615호
　　　　홈페이지 | www.bookland.co.kr
　　　　이-메일 | bookland@hanmail.net

책임편집 | 김인옥
기　　획 | 전은경
교　　열 | 서정랑

ⓒ 이희숙, 2025, Printed in Korea
저자와의 협의하에 인지를 생략합니다.

ISBN 979-11-7155-138-5 03810
ISBN 979-11-7155-137-8 05810 (E-book)

값 10,000원